D1258026

MAR   2009

Farmers Branch Manske Library
13613 Webb Chapel
Farmers Branch TX 75234-3756

Descubramos
CANADÁ

Kathleen Pohl

 Gareth Stevens
Publishing

Farmers Branch Manske Library
13613 Webb Chapel
Farmers Branch, TX 75234-3756

Please visit our web site at: www.garethstevens.com
For a free color catalog describing our list of high-quality books,
call 1-800-542-2595 (USA) or 1-800-387-3178 (Canada)..

Library of Congress Cataloging-in-Publication Data

Pohl, Kathleen.
   [Looking at Canada. Spanish]
   Descubramos Canadá / Kathleen Pohl.
        p. cm. — (Descubramos países del mundo)
   Includes bibliographical references and index.
   ISBN: 978-0-8368-8182-0 (lib. bdg.)
   ISBN: 978-0-8368-8189-9 (softcover)
   1. Canada—Juvenile literature. I. Title.
F1008.2.P6417   2008
971—dc22   2007018539

This edition first published in 2008 by
Gareth Stevens Publishing
A Weekly Reader® Company
1 Reader's Digest Road
Pleasantville, NY   10570-7000   USA

Copyright © 2008 by Gareth Stevens, Inc.

Managing editor: Valerie J. Weber
Editor: Barbara Kiely Miller
Art direction: Tammy West
Graphic designer: Dave Kowalski
Photo research: Diane Laska-Swanke
Production: Jessica Yanke

Spanish Edition produced by A+ Media, Inc.
Editorial Director: Julio Abreu
Chief Translator: Adriana Rosado-Bonewitz
Associate Editors: Janina Morgan, Bernardo Rivera, Rosario Ortiz, Carolyn Schildgen
Graphic Design: Faith Weeks

Photo credits: (t=top, b=bottom, l=left, r=right, c=center)
© Barrett & MacKay Photography: cover, 1, 6, 7t, 9, 11 both, 13, 14, 15b, 16, 17t, 18, 19 both, 21 both,
22, 23 both, 24, 25t, 26, 27t; Dave Kowalski/© Gareth Stevens, Inc.: 4l, 5, 31; Ottawa Tourism: 4r;
© B & C Alexander/Arcticphoto.com: 7b, 8, 10, 12b, 15t; © Chris Fairclough/CFW Images: 12t, 17b;
© John Elk III: 20; © Calgary Stampede: 25b; © Mary Kate Denny/PhotoEdit: 27b

All rights reserved. No part of this book may be reproduced, stored in a retrieval system, or transmitted
in any form or by any means, electronic, mechanical, photocopying, recording, or otherwise, without the prior
written permission of the copyright holder.

Printed in the United States of America

1 2 3 4 5 6 7 8 9 11 10 09 08 07

Contenido

Las palabras definidas en el glosario están impresas en **negritas** la primera vez que aparecen en el texto.

¿Dónde está Canadá?

Canadá ocupa la mitad de la parte norte del continente de Norteamérica. Es un país enorme, el segundo más grande después de Rusia. De este a oeste, Canadá se extiende del océano Atlántico al Pacífico. Al norte está el océano Ártico y al sur la frontera con los Estados Unidos.

¿Lo sabías?

En el noroeste de Canadá, el territorio Yukón comparte la frontera con Alaska.

El extremo norte de Canadá incluye muchas islas pequeñas en el océano Ártico.

Océano Ártico

CANADÁ

NORTEAMÉRICA

Océano Pacífico

Océano Atlántico

ESTADOS UNIDOS

SURAMÉRICA

La gente disfruta sus recorridos en bote o kayak por el canal Rideau en Ottawa.

En este mapa se muestran todos los lugares mencionados en este libro.

Canadá tiene 10 **provincias** y 3 **territorios**. La capital del país, Ottawa, está en la provincia de Ontario. Ottawa es una ciudad de modernos edificios de oficinas, edificios históricos de gobierno, galerías de arte, museos y hermosos parques.

Canadá es miembro de la **Comunidad de Naciones británicas.** Canadá una vez fue gobernada por Gran Bretaña, pero ahora es una nación independiente.

El paisaje

Canadá es un país de muchos contrastes. Tiene enormes bosques, montañas escarpadas y planicies cubiertas de hierba. También tiene muchos lagos, ríos e islas, así como la costa más grande del mundo. Canadá y los Estados Unidos comparten 4 de los 5 Grandes Lagos: Superior, Hurón, Erie y Ontario. La bahía de Hudson, una enorme extensión de agua, se encuentra en el este de Canadá.

¿Lo sabías?

El suelo en el extremo norte de Canadá nunca se derrite y se llama permahielo.

Icebergs escarpados flotan frente a la costa de Terranova.

Los huertos y las granjas se extienden por la costa oeste de Nueva Escocia.

Las tierras de labranza más ricas del país están en el sur de Quebec y Ontario, dos de las provincias más grandes de Canadá. Las planicies centrales o praderas, tienen vastos pastizales con granjas y ranchos. En el lejano oeste hay dos cadenas montañosas altísimas, las montañas Rocosas y las montañas Costeras.

Una osa polar y sus cachorros cruzan el hielo cerca de Churchill, Manitoba. Churchill se conoce como la capital mundial de los osos polares.

La mayor parte del año, el hielo y la nieve cubren el norte **ártico** de Canadá y no crecen árboles ahí. Es el hogar de osos polares, focas, **caribúes** y morsas.

7

Clima y estaciones

La parte norte de Canadá es helada, ¡con temperaturas bajo cero gran parte del año! En estas tierras árticas de hielo y nieve, casi no hay luz de día en invierno.

En la parte sureste de Canadá, alrededor de los Grandes Lagos, el clima es más templado. La mayoría de los canadienses vive en esta área. Disfrutan de primaveras templadas, veranos cálidos y otoños fríos.

¿Lo sabías?

A veces el cielo se ilumina con grandes capas de luz y color. Estas auroras boreales se pueden ver mejor durante las largas noches de invierno.

Churchill, Manitoba, es uno de los mejores lugares de la Tierra para ver las auroras boreales.

En verano, flores silvestres crecen en uno de los muchos parques de Alberta. Ubicado en el oeste, este parque está en las montañas Rocosas.

Los inviernos en las planicies centrales de las provincias de Alberta, Saskatchewan y Manitoba pueden ser muy fríos y nevosos. Los veranos pueden cambiar de templados a cálidos debido a que las temperaturas varían de norte a sur.

En la costa oeste, en la provincia de Columbia Británica llueve mucho. Las brisas cálidas que soplan del océano Pacífico ayudan a mantener las temperaturas templadas la mayor parte del año.

La gente de Canadá

Se cree que los primeros habitantes de Canadá llegaron hace miles de años. Hoy, pequeños grupos de estos indios de Norteamérica, llamados gente de las Primeras Naciones, viven en todo Canadá. Casi la mitad vive en reservas, que son áreas apartadas para ellos por el gobierno. En el extremo norte viven los inuit, a quienes se les llamó una vez esquimales. Han conservado su antiguo idioma y muchas de sus costumbres.

Los inuit usaban trineos jalados por perros en invierno, pero ahora muchos usan motonieves.

Británicos y franceses también poblaron Canadá. Hoy, casi la mitad de los 33 millones de canadienses tienen **antepasados** británicos o franceses. Los quebequeses sienten mucho orgullo por sus antepasados franceses. Otros europeos y asiáticos ayudan también a formar esta nación **multicultural**.

Esta niña vive en una reserva de las Primeras Naciones en la provincia de la isla del Príncipe Eduardo.

Bailarines con trajes folklóricos actúan en un festival.

Muchos canadienses son católicos romanos. Otros son protestantes, pero Canadá también es el hogar de judíos, musulmanes, **hindúes** y **budistas**.

Escuela y familia

Cada provincia y territorio de Canadá tiene su propio sistema escolar. Dependiendo de dónde vivan, los niños van a la escuela de los 6 o 7 años hasta los 15 o 16.

Las clases en general son de 8:30 a.m. a 2:30 p.m., de lunes a viernes de septiembre a mediados de junio. Los niños estudian matemáticas, ciencias, francés, ciencias sociales, música y arte. Algunos estudiantes van a universidades después de la preparatoria.

En Montreal, Québec, los autos se detienen para que los niños crucen una calle en su camino a la escuela.

Las computadoras son comunes en los salones de clases. Estos niños inuit van a la escuela en Igloolik, Nunavut.

Acampar en la isla del Príncipe Eduardo es una actividad de verano favorita. Las familias disfrutan caminatas en las colinas, nadar e ir de excursión.

En muchas familias canadienses ambos padres trabajan fuera del hogar. Los abuelos o las **niñeras** cuidan a los niños más pequeños o van a guarderías. Las familias disfrutan sentarse a cenar juntos y celebrar cumpleaños y fiestas.

¿Lo sabías?

La familia promedio está compuesta sólo por 3 personas.

Vida rural

Sólo una quinta parte de todos los canadienses vive en el campo. La mayoría son granjeros, rancheros o pescadores o trabajan en la minería o la **industria forestal**.

Las familias, y no las grandes compañías, son las dueñas de la mayoría de las granjas. En Ontario y Quebec, al sur, se cultivan maíz, manzanas, tomates, tabaco y cacahuates. Las planicies centrales están cubiertas de enormes y modernas granjas de cereales y ranchos de ganado.

Más de la mitad de las mejores áreas de cultivo están en Ontario. Los granjeros siembran forraje para sus animales, frutas y otros cultivos.

Una india cri recolecta arándanos silvestres en Quebec.

¿Lo sabías?

Los primeros inuit cazaban ballenas, focas, osos polares y caribúes.

Durante cientos de años, las familias de estas pequeñas aldeas costeras de Terranova y Labrador se han dedicado a la pesca.

Mucha de la gente que vive en pequeñas aldeas en las costas del Atlántico y el Pacífico son pescadores. Las aguas en las costas de la provincia de Terranova y Labrador en el este se llaman Grandes Bancos. Es una de las mejores áreas de pesca del mundo.

Nunavut y los territorios de Yukón y los del Noroeste en el extremo norte forman un tercio de Canadá. Sin embargo, poca gente vive ahí debido al clima tan frío.

Vida urbana

La mayoría de los canadienses vive en ciudades o cerca de ellas en el sur del país, donde el clima es más templado. Estas ciudades grandes son centros para el comercio, negocios, bancos, servicios de salud, transporte y las artes. Muchas áreas del centro tienen pasarelas cubiertas que unen tiendas, restaurantes y negocios para que la gente no tenga que salir cuando hay mal tiempo.

¿Lo sabías?

Casi el 75% de los canadienses vive a 160 kilómetros (100 millas) de la frontera con Estados Unidos.

Las montañas Costeras sobresalen detrás de los edificios de oficinas y apartamentos de Vancúver. La ciudad tiene muchas playas a lo largo de su costa.

La Torre CN se destaca en el centro de Toronto. A su izquierda está el SkyDome, hogar del equipo de béisbol Bluejays.

Toronto es la ciudad más grande y de más rápido crecimiento de Canadá. Montreal es la segunda ciudad más grande y la más grande de la provincia de Quebec. También es la segunda más grande del mundo donde se habla francés, después de París, Francia.

Otra ciudad muy activa es Ottawa, la capital de Canadá. Vancúver, Columbia Británica, es el puerto principal del país. La mayoría de las ciudades principales tiene aeropuertos internacionales y sistemas de autobuses públicos, y algunas tienen sistemas de **tranvías**. ¡En Vancúver también hay servicios de trolebús y ferry!

Los barcos llevan artículos a las ciudades canadienses de los Grandes Lagos.

Casas canadienses

Las casas de Canadá se parecen a las casas de los Estados Unidos y Europa. La mayoría son de ladrillo o madera y tienen 1, 2 o 3 niveles.

En las ciudades, mucha gente vive en altos edificios de apartamentos. En la parte histórica francesa de Montreal, las **casas adosadas** bordean las calles. Tienen puertas de colores brillantes, marcos de ventanas y jardineras. Algunas tienen balcones con enrejados.

¿Lo sabías?

Hace cien años en las planicies centrales, las casas se construían de terrones porque no había árboles.

Estas casas adosadas en la sección histórica de Quebec comparten muchas características con los edificios franceses.

En el campo, la gente vive en casas de rancho o de granja, de dos niveles. En las aldeas de pescadores de Terranova y de otras provincias costeras, la gente a menudo vive en pequeñas casas sencillas de madera.

En Nunavut, la mayoría de los inuit ya no vive en iglúes de hielo. Hoy, viven en casitas de madera de un nivel con luz y agua.

Casas sencillas rodean una iglesia en esta pequeña aldea en la costa de Quebec.

Las bonitas casas pintadas le dan brillo a una pequeña villa de pescadores en la costa sudoeste de Terranova.

Comida canadiense

Los canadienses comen más carne de res que cualquier otro tipo de carne, pero también les gustan pollo, cerdo, pescado y cordero. El pan, las papas y la sopa caliente también son populares. Los helados y las tartas de fruta son sus postres favoritos.

Los canadienses a menudo comen en restaurantes de comida rápida y también en restaurantes elegantes. Disfrutan la comida francesa, italiana, china o hindú.

Los clientes pueden encontrar muchos tipos de frutas y verduras frescas en los mercados chinos de Vancúver, Columbia Británica.

Los canadienses comen helechos canela en sopas, ensaladas, salsas y tartas.

Las moras de los pantanos son una delicia en Terranova, donde las pequeñas moras crecen en las ciénagas.

Distintos alimentos son populares en diferentes regiones. En las provincias de la costa del Atlántico, el "dulce" es un refrigerio hecho de alga marina seca que la gente recolecta en las playas. En el extremo norte, algunos inuit todavía cazan los caribúes para alimentarse como lo hacían sus antepasados.

¿Lo sabías?

Los helechos canela son una especialidad de Nuevo Brunswick, conocida como la capital mundial de este helecho.

El trabajo

Antes, la mayoría de los canadienses cazaba, pescaba, o trabajaba en el campo o en la industria forestal. Sin embargo, hoy en día casi el 75% trabaja en la **industria de servicios**. Trabajan en bancos, escuelas, hospitales, en el gobierno, en las artes y turismo.

¿Lo sabías?

Canadá vende un 80% de sus productos a los Estados Unidos.

Canadá es rica en **recursos naturales** y algunas personas trabajan en las industrias minera o maderera. Canadá **exporta** productos de madera, incluyendo **papel de periódico**. Otras exportaciones incluyen níquel, aluminio, petróleo, trigo y vehículos.

Algunos tipos de pescado se crían en granjas como ésta en Nueva Escocia.

Mucha gente trabaja en alta tecnología. Estos trabajadores en la isla del Príncipe Eduardo construyen productos para aviones y naves espaciales.

Debido a que la mitad del país está cubierto por bosques, la industria forestal es importante.

Hay pocos trabajos en el norte de Canadá, donde los inuit vivían de la caza y la pesca. Algunas personas de las Primeras Naciones trabajan ahora en **servicio comunitario** o empleos del gobierno.

Diversión

A los canadienses les encanta practicar y ver deportes. El hockey se inventó en Canadá y es el más popular del país. Canadá tiene equipos profesionales de hockey, béisbol, fútbol y fútbol americano. Otros deportes populares de invierno son patinaje sobre hielo, esquí y surf de nieve. En verano, a la gente le gusta caminar en las colinas, andar en bicicleta, nadar y remar.

¿Lo sabías?

En la bahía de Fundy se ha visto una gran variedad de ballenas, más que en cualquier otro lugar del mundo.

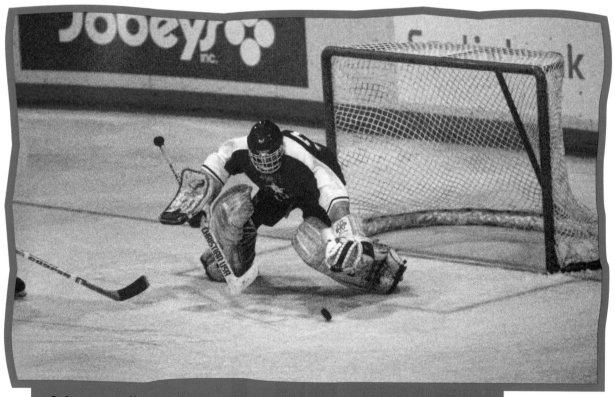

A los canadienses les encanta jugar hockey y animar a sus equipos y jugadores favoritos.

La gente disfruta ver a los bailarines en un festival en la isla del **Príncipe Eduardo**.

El jineteo de toros es un evento popular durante el rodeo en Calgary, Alberta.

A la gente le gusta visitar los parques nacionales. Dos de los más populares son el de Banff en Alberta y el de Fundy en la provincia de Nuevo Brunswick.

Las artes son también una parte importante de la vida de Canadá. En casi todas las ciudades la gente asiste a conciertos, películas, ballets y obras de teatro. También disfrutan del **rodeo** más grande del mundo, que se lleva a cabo cada año en Calgary, Alberta.

Canadá: Datos

- Canadá es una **democracia parlamentaria**.

- El **jefe de gobierno** de Canadá es la reina o el rey de la Gran Bretaña. El primer ministro encabeza el gobierno de Canadá.

- Canadá se divide en 10 provincias y 3 territorios. Cada área tiene su propio gobierno.

- Unas 33 millones de personas viven en Canadá. Tres cuartas partes de ellos viven en el sur de Canadá.

La bandera de Canadá es roja y blanca con una hoja de arce en el centro. La hoja de arce es el símbolo nacional de Canadá.

Los turistas disfrutan observando las ballenas por la costa de Terranova.

¿Lo sabías?

La moneda de $1 se llama *loonie* porque tiene la imagen del ave llamada colimbo (o loon).

La moneda de Canadá es el dólar. Cien centavos equivalen a un dólar canadiense.

Glosario

antepasados – miembros de la familia que vivieron en el pasado

ártico – relativo al área cercana al Polo Norte y su clima frío

budistas – gente que cree en el budismo, una religión que se basa en las enseñanzas de Buda quien vivió aproximadamente de 563 a 483 a.C.

caribúes – venados grandes con astas que también se llaman renos

casas adosadas – hilera de casas que comparten entre sí las paredes

ciénagas – tierra suave llena de agua

Comunidad de Naciones británicas – grupo de países independientes que una vez fueron gobernados por la Gran Bretaña y todavía están relacionados con ella

democracia parlamentaria – un gobierno en el que la gente elige a los legisladores, que a su vez eligen a los líderes que encabezan el gobierno

exporta – vender artículos a otra región o país. Estos artículos también se llaman exportaciones.

hindúes – gente que practica la religión hindú

industria forestal – industria que se ocupa del cultivo y cuidado de los árboles para cosechar y obtener así madera y productos de papel

industria de servicios – negocios que sirven a la gente, en contraste con los negocios que producen objetos

jefe de estado – el representante principal de un país

multicultural – compuesto de grupos de personas con diferentes estilos de vida, creencias y arte

niñeras – gente que se hace cargo de los niños pequeños en los hogares de los niños

papel de periódico – el papel en el que se imprimen los periódicos

provincias – divisiones dentro de un país que son como los estados de los Estados Unidos

recursos naturales – recursos encontrados en la naturaleza y utilizados por la gente para la industria, incluyendo minerales y madera de los bosques

rodeo – espectáculo en el que la gente compite en eventos como jinetear caballos salvajes y enlazar becerros

servicio comunitario – trabajos que ayudan a mejorar las comunidades y la vida de la gente que las habita

territorios – áreas que son de un país y gobernadas por éste

tranvía – medio de transporte urbano que usa trolebuses

Para más información

Mr. Dowling's Electronic Passport: Canada
www.mrdowling.com/709canada.html

Made in Canada
www.saskschools.ca/~gregory/canada

Enchanted Learning: Zoom School — Canada
www.zoomschool.com/school/Canada

Nota del editor para educadores y padres: Nuestros editores han revisado meticulosamente estos sitios Web para asegurarse de que son apropiados para niños. Sin embargo, muchos sitios Web cambian con frecuencia, y no podemos asegurar que el contenido futuro del sitio seguirá satisfaciendo nuestros estándares altos de calidad y valor educativo. Se le advierte que se debe supervisar estrechamente a los niños siempre que tengan acceso al Internet.

Mi mapa de Canadá

Fotocopia o calca el mapa de la página 31. Después escribe los nombres de los países, extensiones de agua, regiones, provincias, las ciudades y las áreas de tierras y montañas que se listan a continuación. (Si necesitas ayuda mira el mapa que aparece en la página 5.)

Después de escribir los nombres de todos los lugares ¡toma algunos crayones y colorea el mapa!

Países
Canadá
Estados Unidos de América

Extensiones de agua
bahía de Fundy
bahía de Hudson
lago Erie
lago Hurón
lago Ontario
lago Superior
océano Ártico
océano Atlántico
océano Pacífico

Provincias y Territorios
Alberta
Columbia Británica
isla del Príncipe Eduardo
Manitoba

Nueva Escocia
Nuevo Brunswick
Nunavut
Ontario
Quebec
Saskatchewan
Terranova y Labrador
territorio Yukón
territorios del Noroeste

Ciudades
Calgary
Churchill
Igloolik
Montreal
Ottawa
Quebec
Toronto
Vancúver

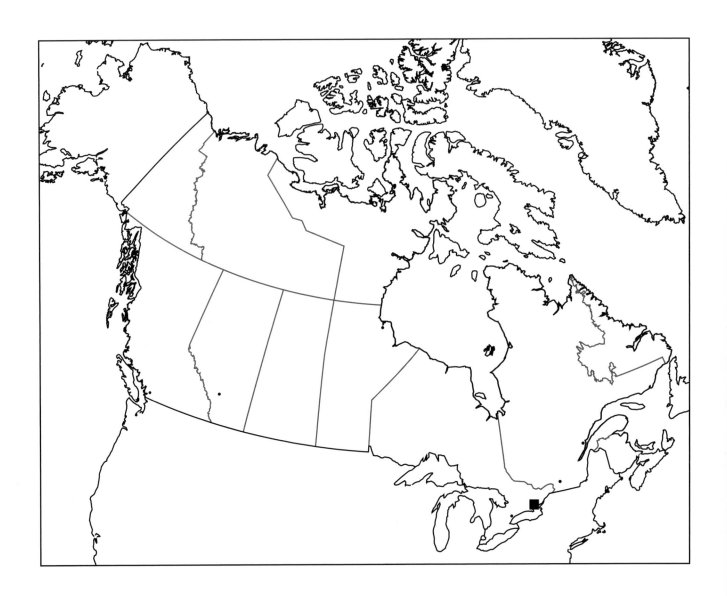

Índice